BURITI PORTUGUÊS 4

Caderno do Escritor
Comunicação Escrita

Organizadora: Editora Moderna
Obra coletiva concebida, desenvolvida
e produzida pela Editora Moderna.

Editora Executiva: Marisa Martins Sanchez

Nome: _____
_____ Turma: _____
Escola: _____
_____

Este caderno é parte integrante do livro *Buriti Português 4*. Não pode ser vendido separadamente.

3ª edição

MODERNA

Elaboração de originais

Marisa Martins Sanchez
Licenciada em Letras pela Universidade São Judas Tadeu. Professora dos Ensinos Fundamental e Médio em escolas públicas e particulares. Editora.

Ana Maria Herrera
Bacharel e licenciada em Letras pela Universidade de São Paulo. Professora dos Ensinos Fundamental e Médio em escolas particulares. Editora.

Cristiane Maia Pimentel
Bacharel e licenciada em Letras pela Universidade de São Paulo. Professora do Ensino Fundamental em escolas particulares. Professora de Redação em projeto da Secretaria de Educação de São Paulo.

Leandro Henrique Mantovani
Bacharel e licenciado em Letras pela Universidade de São Paulo. Editor.

Mary Cristina Pereira da Silva
Bacharel em Comunicação Social pela Universidade de Mogi das Cruzes. Licenciada em Letras pela Universidade Guarulhos. Pós-graduada em Língua Portuguesa pela Pontifícia Universidade Católica de São Paulo. Jornalista e editora.

Sandra D'Alevedo
Bacharel e licenciada em Letras pela Universidade São Judas Tadeu. Editora.

Créditos das fotos

- p. 13 Paulo Manzi
- p. 17 Evergreen Exhibitions Courtesy
- p. 21 Leste Oeste Arte e Técnica; Evaristo Sá/AFP Photo
- p. 25 Disney/Pixar via The New York Times/Latinstock; Telefonica Producciones/The Kobal Collection/AFP Photo
- p. 29 Roberto Lent e Flávio Dealmeida
- p. 31 Roberto Lent e Flávio Dealmeida
- p. 33 Claudio Souza Pinto; Paulo Giandalia/Folhapress
- p. 37 Hicham Habchi
- p. 41 Archives du 7eArt/Twetieth Century Fox/ Glow Images
- p. 45 The Art Institute of Chicago, EUA

© Editora Moderna, 2013

MODERNA

Coordenação editorial: Marisa Martins Sanchez
Edição de texto: Ana Maria Herrera, Leandro Henrique Mantovani, Marisa Martins Sanchez, Mary Cristina Pereira da Silva, Sandra D'Alevedo
Assessoria de projeto: Isabel Farah Schwartzman
Coordenação de *design* e projetos visuais: Sandra Botelho de Carvalho Homma
Projeto gráfico: Ana Carolina Orsolin, Flávia Dutra e Marta Cerqueira Leite
Capa: Marta Cerqueira Leite
   Ilustração: D'Avila Studio
Coordenação de produção gráfica: André Monteiro, Maria de Lourdes Rodrigues
Coordenação de arte: Rodrigo Carraro
Edição de arte: Carolina de Oliveira
Editoração eletrônica: Grapho Editoração
Ilustrações: Fernando de Souza, Gilberto Valadares
Ilustração de vinheta: D'Avila Studio
Coordenação de revisão: Elaine Cristina del Nero
Revisão: Adriana C. Bairrada
Coordenação de pesquisa iconográfica: Luciano Baneza Gabarron
Pesquisa iconográfica: Joanna Heliszkowski
Coordenação de *bureau*: Américo Jesus
Tratamento de imagens: Arleth Rodrigues, Bureau São Paulo, Fabio N. Precendo, Marina M. Buzzinaro, Rubens M. Rodrigues, Wagner Lima
Pré-impressão: Alexandre Petreca, Everton L. de Oliveira Silva, Fabio N. Precendo, Hélio P. de Souza Filho, Marcio H. Kamoto, Rubens M. Rodrigues, Vitória Sousa
Coordenação de produção industrial: Arlete Bacic de Araújo Silva
Impressão e acabamento: Intergraf Ind. Gráfica Eireli.
Lote: 208334

Dados Internacionais de Catalogação na Publicação (CIP)
(Câmara Brasileira do Livro, SP, Brasil)

Projeto Buriti : português / organizadora Editora Moderna ; obra coletiva concebida, desenvolvida e produzida pela Editora Moderna. — 3. ed. — São Paulo : Moderna, 2013. — (Projeto Buriti)

Obra em 5 v. para alunos do 1º ao 5º ano.
Inclui caderno do leitor, envelope com material cartonado e adesivos e varal de letras, 1º ano.
Inclui caderno do escritor, 2º ao 5º ano.

1. Português (Ensino fundamental) I. Série.

13-04604   CDD-372.6

Índices para catálogo sistemático:
1. Português : Ensino fundamental   372.6

ISBN 978-85-16-08866-8 (LA)
ISBN 978-85-16-08867-5 (LP)

Reprodução proibida. Art. 184 do Código Penal e Lei 9.610 de 19 de fevereiro de 1998.
Todos os direitos reservados
EDITORA MODERNA LTDA.
Rua Padre Adelino, 758 - Belenzinho
São Paulo - SP - Brasil - CEP 03303-904
Vendas e Atendimento: Tel. (0_ _11) 2602-5510
Fax (0_ _11) 2790-1501
www.moderna.com.br
2017
Impresso no Brasil

1 3 5 7 9 10 8 6 4 2

Este *Caderno do Escritor* compõe seu material de estudos em conjunto com o livro *Buriti Português 4*.

Nele ficarão registrados, de modo organizado, os textos que você produzir ao longo do 4º ano. É claro que você vai escrever outros pequenos textos indicados no livro ou solicitados pelo professor. Mas neste *Caderno* ficarão as produções maiores, da seção "Comunicação escrita", que aplicam o que foi estudado em cada unidade do livro, seguindo algumas etapas.

Assim, você, seu professor e sua família poderão acompanhar os seus progressos como escritor.

Capriche nas ideias e na letra!

Os editores

Tantas palavras

Reservamos também um espaço para você registrar as palavras que pesquisou no dicionário após a leitura dos textos. Sempre que estiver produzindo um texto, consulte suas anotações e tente utilizar algumas dessas palavras.

Sumário

Tantas palavras 5

Minhas produções 11

Tantas palavras

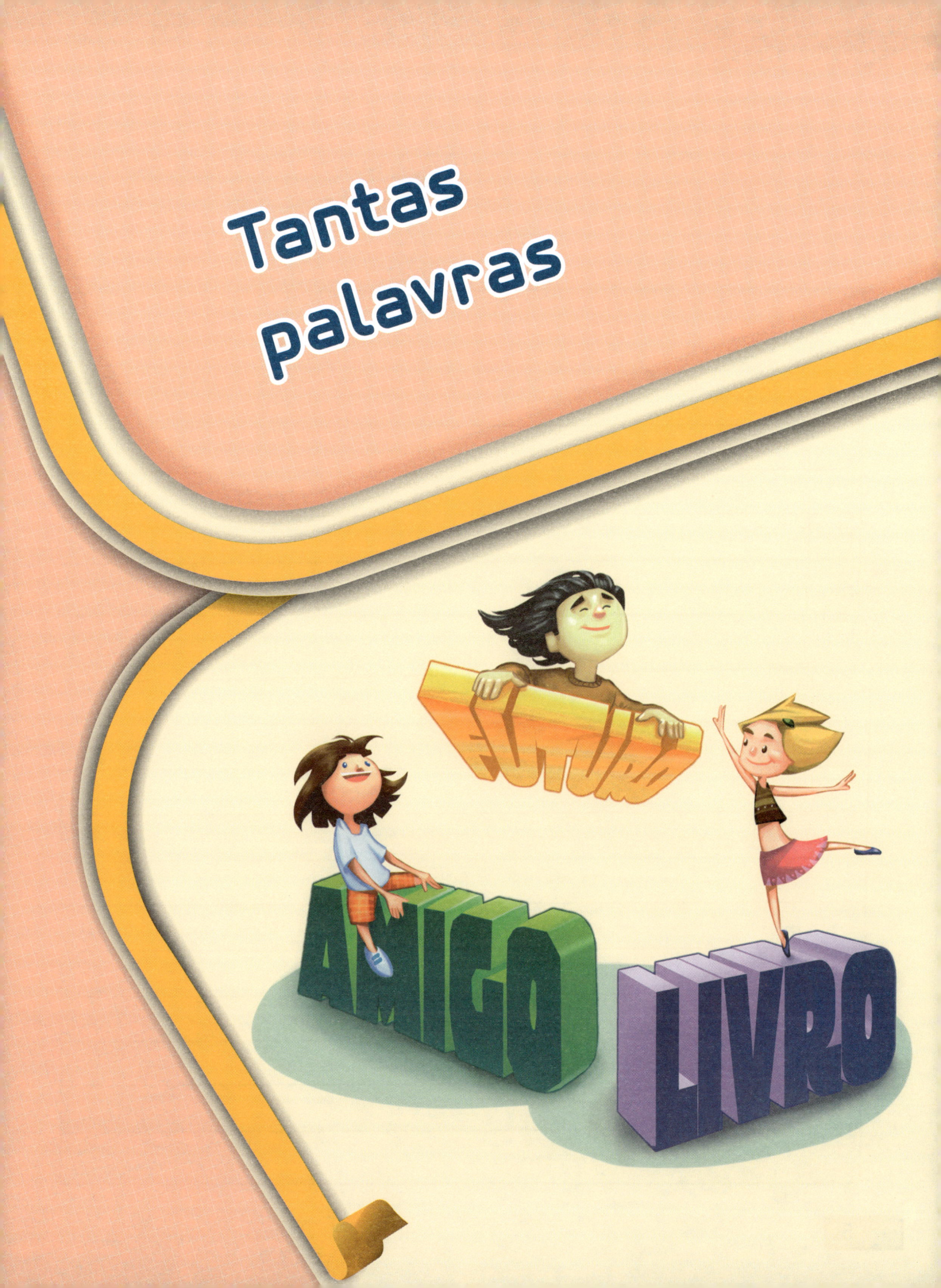

◆ **Tantas palavras**

6

Tantas palavras

◆ **Tantas palavras**

Tantas palavras

Tantas palavras

Minhas produções

Sumário das minhas produções

UNIDADE 1 — **Eu sou esperto** 13
Receita culinária

Título: _____

UNIDADE 2 — **Eu busco explicações** 17
Texto expositivo

Título: _____

UNIDADE 3 — **Eu respeito a natureza** 21
Discurso

Título: _____

UNIDADE 4 — **Eu vou ao cinema** 25
Resenha de filme

Título: _____

UNIDADE 5 — **Eu conheço meu cérebro** 29
Personagem de história em quadrinhos

Título: _____

UNIDADE 6 — **Eu uso a imaginação** 33
Biografia

Título: _____

UNIDADE 7 — **Eu sou solidário** 37
Texto publicitário

Título: _____

UNIDADE 8 — **Eu tenho problemas** 41
Conto

Título: _____

UNIDADE 9 — **Eu colaboro** 45
Descrição de gráfico estatístico

Título: _____

UNIDADE 1 — EU SOU ESPERTO

Receita culinária   ___/___/_____

O que vou escrever?	Uma receita culinária.
Quem vai ler?	Um familiar.
Onde vai circular?	Em minha casa.

1 Leia esta receita.

Refresco de laranja cremoso

Ingredientes

- Meia xícara (de chá) de suco de laranja
- Uma colher (de chá) de suco de limão
- Meia xícara (de chá) de creme de leite
- Uma xícara (de chá) de leite
- Açúcar, se quiser

Modo de preparar

Despeje em uma jarra o suco de laranja, o suco de limão, o leite e o creme de leite. Coloque açúcar a gosto.

Com uma colher, agite a mistura por dois minutos. Depois, leve a jarra à geladeira.

Sirva quando estiver bem gelado.

Essa porção dá para duas pessoas. Uma dica é servir em copos altos e com canudos coloridos.

2 Você e um colega vão escrever uma receita de outro refresco ou de um sanduíche. Utilizem o exemplo acima como modelo.

- Antes de começar a escrever, pense nestas questões.

    a) Você vai inventar uma receita ou vai escrever alguma que você já conhece?

    b) Que ingredientes vão ser utilizados nessa receita? Quais as quantidades?

    c) De que utensílios domésticos você vai precisar para preparar sua receita? Como eles devem ser utilizados?

    d) Como você vai servir o refresco ou o sanduíche? Lembre-se de que a aparência dos alimentos é muito importante.

> Atenção! Um adulto deve acompanhar o preparo de tudo o que for ao fogo!

- Anote aqui suas primeiras ideias.

_____

3 Agora, faça um rascunho em seu caderno.

◆ **Lembre-se!**

- Escreva o título da receita.
- Faça a lista dos ingredientes e suas quantidades, conforme você planejou.
- Descreva, passo a passo, o modo de preparar.
- Dê uma ou duas sugestões de como servir.
- Escreva quantas porções essa receita rende.

- Preencha a autoavaliação.

Autoavaliação	👍	👎
Dei um título adequado à receita?		
Listei todos os ingredientes na quantidade certa?		
Descrevi passo a passo o modo de preparar?		
Dei sugestões de como servir?		

4 Faça as alterações necessárias e passe a limpo sua receita.

Peça a um familiar que leia o texto que você escreveu e prepare sua receita.

5 Faça uma ilustração ou uma colagem para seu texto.

UNIDADE 2 — EU BUSCO EXPLICAÇÕES

Texto expositivo ___/___/_____

O que vou escrever?	Um texto baseado em pesquisa.
Quem vai ler?	Os colegas da classe.
Onde vai circular?	Na classe.

1 Observe a página de resultados deste *site* de busca na internet.

Neste espaço, são digitadas as palavras-chave, ou seja, os termos que serão buscados.

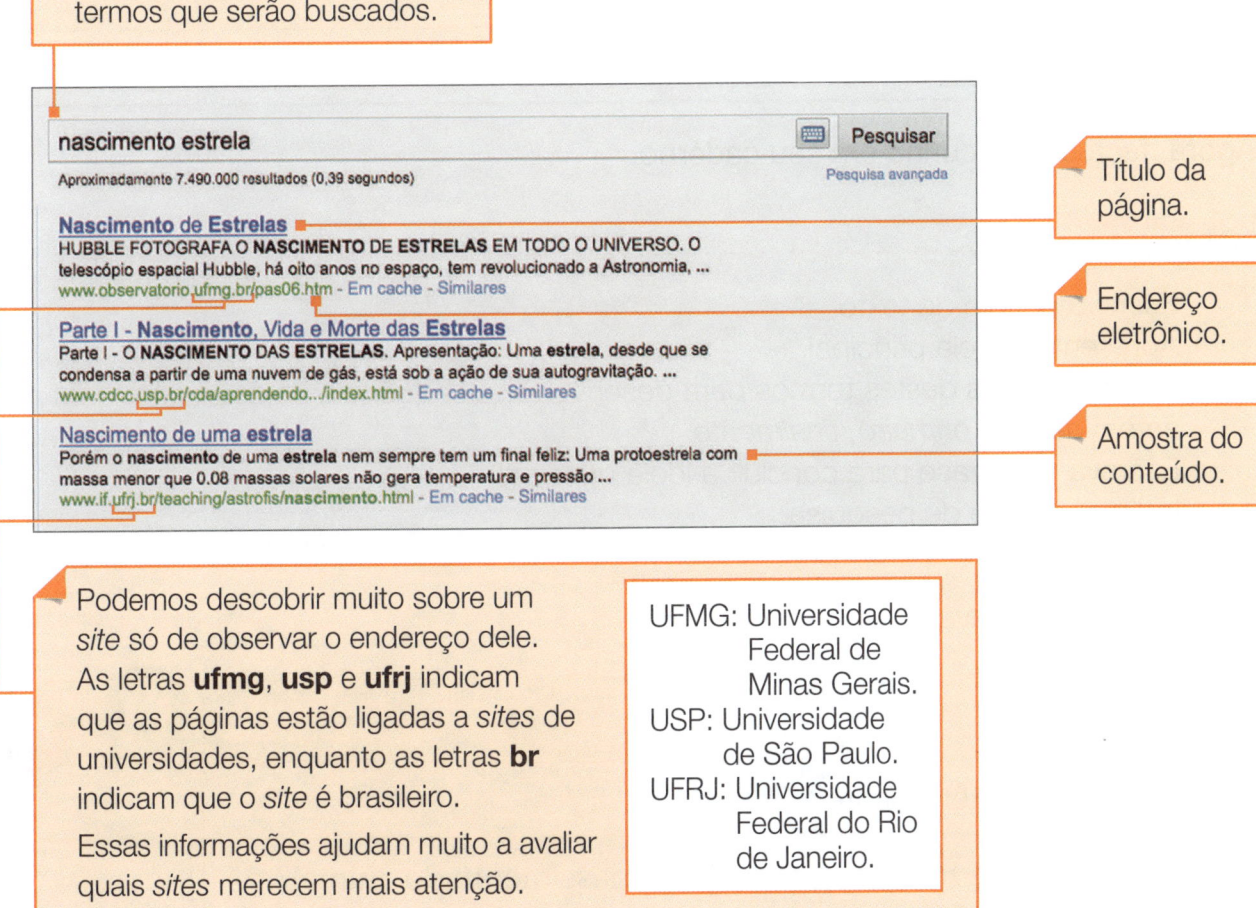

```
nascimento estrela                                    Pesquisar
Aproximadamente 7.490.000 resultados (0,39 segundos)   Pesquisa avançada

Nascimento de Estrelas
HUBBLE FOTOGRAFA O NASCIMENTO DE ESTRELAS EM TODO O UNIVERSO. O
telescópio espacial Hubble, há oito anos no espaço, tem revolucionado a Astronomia, ...
www.observatorio.ufmg.br/pas06.htm - Em cache - Similares

Parte I - Nascimento, Vida e Morte das Estrelas
Parte I - O NASCIMENTO DAS ESTRELAS. Apresentação: Uma estrela, desde que se
condensa a partir de uma nuvem de gás, está sob a ação de sua autogravitação. ...
www.cdcc.usp.br/cda/aprendendo.../index.html - Em cache - Similares

Nascimento de uma estrela
Porém o nascimento de uma estrela nem sempre tem um final feliz: Uma protoestrela com
massa menor que 0.08 massas solares não gera temperatura e pressão ...
www.if.ufrj.br/teaching/astrofis/nascimento.html - Em cache - Similares
```

Título da página.

Endereço eletrônico.

Amostra do conteúdo.

Podemos descobrir muito sobre um *site* só de observar o endereço dele. As letras **ufmg**, **usp** e **ufrj** indicam que as páginas estão ligadas a *sites* de universidades, enquanto as letras **br** indicam que o *site* é brasileiro.

Essas informações ajudam muito a avaliar quais *sites* merecem mais atenção.

UFMG: Universidade Federal de Minas Gerais.
USP: Universidade de São Paulo.
UFRJ: Universidade Federal do Rio de Janeiro.

2 Você vai escrever um texto expositivo baseado em uma pesquisa na internet. Seu tema será o nascimento dos animais que botam ovos.

- Antes de começar a escrever, pense nestas questões.

    a) Que palavras-chave você poderá usar em suas buscas?

    b) Que *sites* você deverá acessar para reunir dados suficientes para seu texto?

- Anote aqui suas primeiras ideias.

3 Agora, faça um rascunho em seu caderno.

◆ Lembre-se!

- Escreva o título do texto.
- Apresente a ideia principal.
- Escolha alguns destes termos para desenvolver a sequência de seu texto: *antes*, *depois*, *primeiro*, *finalmente*.
- Escreva uma frase para concluir a ideia principal.
- Indique a fonte de pesquisa.

- Preencha a autoavaliação.

Autoavaliação	👍	👎
Escolhi um título interessante?		
Escolhi informações interessantes sobre o nascimento do animal?		
Utilizei uma sequência temporal para desenvolver o tema?		
Coloquei os endereços dos *sites* que pesquisei?		

4 Faça as alterações necessárias e passe a limpo seu texto.

5 Faça uma ilustração ou uma colagem para seu texto.

UNIDADE 3 — EU RESPEITO A NATUREZA

Discurso ____/____/_____

O que vou fazer?	Escrever e apresentar um discurso.
Quem vai ouvir?	Os colegas do 4º ano.
Onde será lido?	Na sala de aula.

1 Releia este trecho do discurso de Brittany Trilford.

> Vocês e seus governos prometem reduzir a pobreza e manter nosso meio ambiente. Vocês já haviam prometido combater as mudanças do clima, garantir o acesso à água potável e a segurança alimentar. Corporações multinacionais já prometeram respeitar o meio ambiente, "esverdear" sua produção, compensar sua poluição. Essas promessas já foram feitas e, ainda, nosso futuro está em perigo.
>
> Estamos todos conscientes de que o relógio está batendo e o tempo passando rapidamente. Vocês têm 72 horas para decidir o futuro dos seus filhos, dos meus filhos e dos filhos dos meus filhos. E eu dou a partida no relógio agora... tic-tac, tic-tac...

Brittany Trilford, Rio+20, 2012.

- Troque ideias com os colegas.

    a) Que pedido ela faz aos líderes governamentais?

    b) Que argumentos ela usa para defender esse pedido?

    c) A repetição de algumas palavras pode reforçar uma ideia e despertar a atenção dos ouvintes. Que palavras Brittany repete em sua argumentação?

2 Você e alguns colegas vão escrever um discurso.

- Antes de começar a escrever, pense nestas questões.

    a) Que problemas ambientais tem seu município ou bairro?

    b) Qual desses problemas é o mais preocupante?

    c) Que danos esse problema pode causar a pessoas, animais e plantas?

    d) De que maneira esse problema foi solucionado em outros lugares?

- Anote aqui suas primeiras ideias.

_____
_____
_____
_____
_____
_____
_____
_____
_____

3 Agora, faça um rascunho em seu caderno.

◆ **Lembre-se!**

- Use o primeiro parágrafo para apresentar seu grupo e identificar o propósito do discurso.
- Explique o problema escolhido e use argumentos que convençam as pessoas de que ele precisa ser solucionado.
- Termine o discurso propondo uma solução para o problema ou desafiando as pessoas a participar da solução dele.

- Preencha a autoavaliação.

Autoavaliação	👍	👎
Concentrei o discurso em um só problema?		
Usei argumentos convincentes?		
Sugeri uma solução para o problema ou desafiei as pessoas a solucioná-lo?		
Despertei o interesse dos ouvintes?		

4 Faça as alterações necessárias e passe a limpo seu discurso.

Escolha um membro do grupo para discursar! Ajude-o a ensaiar em voz alta.

5 Faça uma ilustração ou uma colagem para seu texto.

UNIDADE 4
EU VOU AO CINEMA

Resenha de filme ___/___/_____

O que vou escrever?	Uma resenha de filme.
Quem vai ler?	Os alunos da escola.
Onde vai circular?	No mural da escola.

1 Leia esta resenha com atenção.

As aventuras de Tadeo

Tadeo é um pedreiro que vive em Chicago, nos Estados Unidos, mas sempre quis se tornar um famoso e aventureiro arqueólogo.

A oportunidade de realizar seus sonhos surge quando, por acaso, Tadeo embarca numa expedição ao Peru, em busca da cidade perdida de Paititi e de seu lendário tesouro.

Com a professora Sara, o guia Freddy e seu cachorro Jeff, Tadeo tentará proteger a lendária cidade inca dos terríveis ladrões de tesouro.

A animação é do diretor espanhol Enrique Gato e estreou em fevereiro de 2013 nos cinemas brasileiros. Foi indicada a cinco prêmios *Goya*, o *Oscar* do cinema espanhol, e ganhou três deles: Melhor Direção, Melhor Roteiro Adaptado e Melhor Filme de Animação.

- Troque ideias com os colegas.

    a) Quem é o protagonista dessa animação?

    b) Qual é o assunto principal da história contada na animação?

    c) Que informações da história a resenha não revela? Por quê?

2 Você e um colega vão escrever a resenha do filme que vocês apresentaram na seção "Comunicação oral".

- Antes de começar a escrever, pense nestas questões.
    a) A que gênero pertence o filme?
    b) Quem o dirigiu?
    c) Quem são as personagens principais?
    d) Que partes do filme chamaram mais sua atenção?
    e) Que informações sobre o filme podem despertar o interesse do leitor da resenha?

- Anote aqui suas primeiras ideias.

JORNAL DA CLASSE	Caderno cultural

3 Agora, faça um rascunho em seu caderno.

◆ **Lembre-se!**

- Destaque o nome do filme e o gênero a que pertence.
- Apresente o nome do diretor que produziu o filme e o ano em que foi lançado.
- Escreva um breve resumo do filme contando os momentos mais importantes da história, mas não conte o final.
- Procure dar informações sobre o filme que despertem o interesse do leitor da resenha.

- Preencha a autoavaliação.

Autoavaliação	👍	👎
Forneci o nome do filme e o gênero a que pertence?		
Apresentei o nome do diretor e o ano de lançamento do filme?		
Resumi o filme contando os fatos mais importantes da história sem contar o final?		
Despertei o interesse dos leitores?		

4 Faça as alterações necessárias e passe a limpo sua resenha.

JORNAL DA CLASSE — Caderno cultural

> Peça a um colega de outra dupla que leia sua resenha.
> Pergunte, ao final da leitura, se ele ficou com vontade de ver o filme.

5 Faça uma ilustração ou uma colagem para seu texto.

UNIDADE 5
EU CONHEÇO MEU CÉREBRO

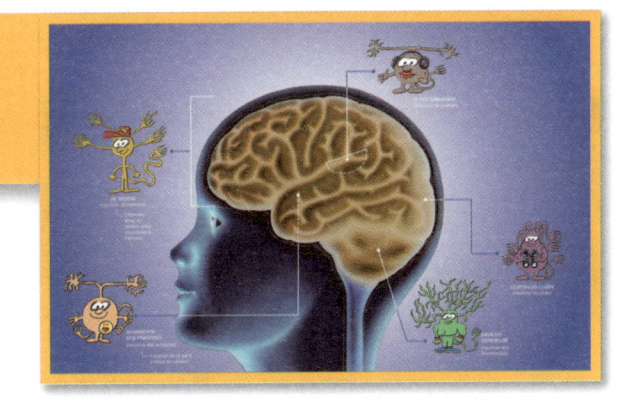

Personagem de história em quadrinhos ___/___/_____

O que vou fazer?	Criar e descrever uma personagem de história em quadrinhos.
Quem vai ler?	Os colegas do 4º e 5º anos.
Onde será exposto?	Em um mural da escola: *Galeria de Personagens*.

1 Observe esta personagem da *Turma do Zé Neurim*, criada por Roberto Lent e Flávio Dealmeida.

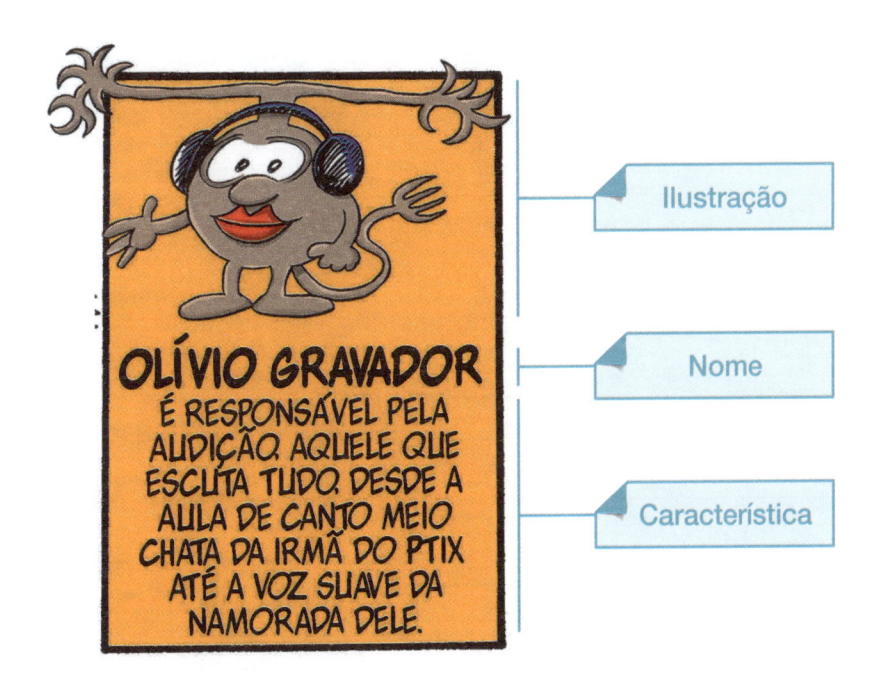

> OLÍVIO GRAVADOR
> É RESPONSÁVEL PELA AUDIÇÃO. AQUELE QUE ESCUTA TUDO. DESDE A AULA DE CANTO MEIO CHATA DA IRMÃ DO PTIX ATÉ A VOZ SUAVE DA NAMORADA DELE.

- Ilustração
- Nome
- Característica

- Troque ideias com os colegas.

    a) Que elementos foram usados para apresentar a personagem?

    b) Que palavras usadas na caracterização da personagem se relacionam à função dela?

    c) Que parte da ilustração se relaciona ao nome da personagem?

2 Você e seu colega vão criar uma personagem de história em quadrinhos que tenha uma característica marcante.

- Antes de começar a escrever, pense nestas questões.

    a) Que personagem você gostaria de criar?

    b) Qual será a principal característica de sua personagem?

    c) O que você pode desenhar nela que demonstre essa característica?

    d) Que nome você dará à personagem?

- Anote aqui suas primeiras ideias.

3 Agora, faça um rascunho do desenho e do texto em seu caderno.

◆ **Lembre-se!**

- Desenhe a personagem de modo que apareça a característica mais marcante dela.
- Escreva o nome da personagem considerando essa característica.
- Faça uma descrição curta e organizada: primeiro o que for mais importante, depois, os detalhes.
- Verifique se a descrição que você fez corresponde ao desenho que você criou.

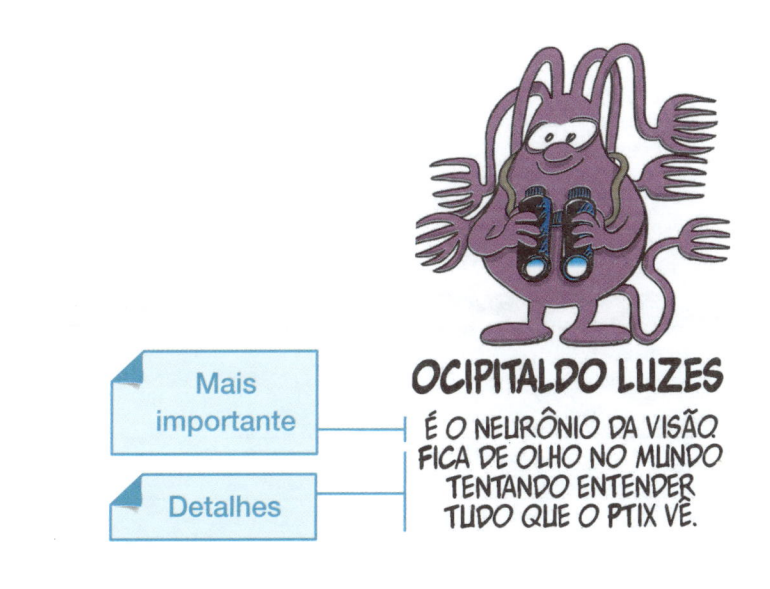

Mais importante

Detalhes

OCIPITALDO LUZES
É O NEURÔNIO DA VISÃO. FICA DE OLHO NO MUNDO TENTANDO ENTENDER TUDO QUE O PTIX VÊ.

- Preencha a autoavaliação.

Autoavaliação	👍	👎
No desenho que criei da personagem, ficou clara a característica que quero destacar.		
O nome da personagem está de acordo com essa característica?		
Meu desenho revela as características da personagem?		
O texto está organizado e as palavras estão escritas corretamente?		

4 Faça as alterações necessárias e passe a limpo o desenho e o texto.

> Guarde seu texto para expor na *Galeria de Personagens* que você e seus colegas vão preparar na seção "Fazer arte".

UNIDADE 6 — EU USO A IMAGINAÇÃO

Biografia ___/___/_____

O que vou escrever?	Uma biografia.
Quem vai ler?	Pessoas da família.
Onde vai circular?	Divulgado pelo próprio aluno.

1 Leia com atenção o texto a seguir.

Ruth Rocha nasceu em 1931 na cidade de São Paulo. Filha dos cariocas Álvaro de Faria Machado e Esther de Sampaio Machado, tem quatro irmãos: Rilda, Álvaro, Eliana e Alexandre.

Sua infância foi alegre e repleta de livros e gibis. É casada com Eduardo Rocha, tem uma filha, Mariana, e dois netos, Miguel e Pedro.

Começou a escrever artigos sobre educação em 1967 para a revista *Claudia*. Publicou seu primeiro livro, *Palavras, muitas palavras*, em 1976. Desde então, já são mais de 130 títulos publicados, entre livros de ficção, didáticos, paradidáticos e um dicionário. Em 1979, Ruth Rocha convidou Sylvia Orthof para escrever histórias infantis para a revista *Recreio*. Aliás, essas duas grandes escritoras foram influenciadas profissionalmente pela mesma pessoa: Monteiro Lobato.

- Troque ideias com os colegas.

    a) Quando e onde Ruth Rocha nasceu? Quem são os pais dela?

    b) Com quem ela se casou? Quantos filhos ela tem? E netos?

    c) Qual é a profissão dela? Como começou nesse trabalho?

2 Você vai escrever a biografia de uma pessoa de sua família.

- Antes de começar a escrever, pense nestas questões.

    a) Quem da família tem uma história de vida interessante que possa ser contada?

    b) Quem são os pais dessa pessoa? Onde e quando ela nasceu? É filha única ou tem irmãos? Como foi a infância dela? Formou uma família com alguém?

    c) Qual a profissão dessa pessoa? Teve mais de uma profissão na vida? Ela gosta do que faz? Como começou nesse trabalho? Alguém a influenciou?

- Anote aqui suas primeiras ideias.

_____
_____
_____
_____
_____
_____
_____
_____
_____
_____
_____
_____

3 Agora, faça um rascunho em seu caderno.

◆ **Lembre-se!**

Organize a biografia em três parágrafos.
- No primeiro, apresente a pessoa que você escolheu para biografar.
- No segundo, descreva os fatos da vida pessoal dela em ordem cronológica.
- No terceiro, escreva sobre a vida profissional dessa pessoa, informando os fatos mais importantes em ordem cronológica. Escreva também os interesses dela.

- Preencha a autoavaliação.

Autoavaliação	👍	👎
Organizei o texto em parágrafos?		
Apresentei dados pessoais da pessoa biografada?		
Descrevi fatos importantes da vida pessoal dela?		
Escrevi informações de destaque da sua vida profissional?		

4 Faça as alterações necessárias e passe a limpo sua biografia.

Mostre o texto a seus familiares para que eles apreciem a história da pessoa biografada!

5 Faça uma ilustração ou uma colagem para seu texto.

UNIDADE 7 — EU SOU SOLIDÁRIO

Texto publicitário ___/___/_____

O que vou escrever?	Um *slogan* e um texto para campanha de solidariedade.
Quem vai ler?	Os alunos do 4º ano.
Onde vai circular?	Na classe.

1 Observe este cartaz.

DOE UM BRINQUEDO E FAÇA UMA CRIANÇA FELIZ! — Slogan

MILHÕES DE CRIANÇAS BRASILEIRAS NÃO TÊM BRINQUEDOS. ELAS PRECISAM DA SUA AJUDA! SEJA SOLIDÁRIO! — Texto

Imagem

- Troque ideias com os colegas.

    a) Qual é o objetivo desse cartaz?

    b) Que elementos compõem o cartaz?

    c) O que mais chamou sua atenção?

    d) Você já viu um cartaz desse tipo?

    e) Você já participou de alguma campanha de solidariedade?

2 Com a classe, crie um *slogan* para a campanha de solidariedade que será organizada na seção "Fazer arte". Depois, com um colega, escreva o texto dessa campanha.

- Antes de criar o *slogan* e escrever o texto, pense nestas questões.

    a) Qual será o objetivo da campanha?

    b) Quem serão as pessoas beneficiadas pela campanha?

    c) Qual será o *slogan* da campanha?

    d) Que linguagem será usada no *slogan* e no texto: informal com gírias, bem-humorada, mais séria, dramática?

- Anote aqui suas primeiras ideias.

3 Agora, faça um rascunho em seu caderno.

◆ **Lembre-se!**

- Defina o objetivo da campanha.
- Releia o texto publicitário desta unidade e observe a linguagem usada, a clareza e a objetividade das mensagens.
- O texto que você vai escrever deve estar relacionado ao *slogan* escolhido pela classe e ao objetivo da campanha.
- O *slogan* deve ser curto, de fácil memorização e conter a ideia principal da campanha.
- O texto deve ser persuasivo, ou seja, deve convencer o leitor da importância de participar da campanha.
- O texto deve ser curto e objetivo.
- A linguagem do texto deve estar de acordo com o público que se quer atingir.

- Preencha a autoavaliação.

Autoavaliação	👍	👎
Meu texto está relacionado ao *slogan*?		
Criei um *slogan* que atrai o leitor e de fácil memorização?		
Criei um texto persuasivo, ou seja, capaz de convencer o leitor?		
O texto contém uma mensagem clara?		
Utilizei uma linguagem apropriada ao público que quero atingir?		
Escrevi as palavras corretamente?		

4 Faça as alterações necessárias e passe a limpo seu texto.

Guarde seu texto, pois na seção "Fazer arte" você vai utilizá-lo para compor um cartaz!

UNIDADE 8 — EU TENHO PROBLEMAS

Conto ___/___/_____

O que vou escrever?	Um pequeno conto.
Quem vai ler?	Os colegas do 4º e 5º anos.
Onde vai circular?	Em um livro feito pela classe.

OBJETO DIGITAL
Áudio

1 Leia o começo de uma história e observe a ilustração.

> Era uma vez um lenhador que vivia com sua filha em uma cabana no meio de uma floresta. Todos os dias ele saía para cortar e enfeixar lenha. No final do dia, ia para a cidade vender os feixes de lenha.
>
> Certo dia, o lenhador estava trabalhando arduamente quando apareceu, não se sabe de onde, um homem.

- Troque ideias com os colegas.

    a) Quem é a personagem protagonista?

    b) Quem é a personagem antagonista?

    c) Que outra personagem é citada na história?

2 Você e um colega vão continuar a história, criando o conflito vivido pelo lenhador e uma solução para esse conflito.

- Antes de começar a escrever, pense nestas questões.

    a) Que características você daria ao lenhador: velho, viúvo, bondoso...?

    b) Que características você daria ao homem: malvado, misterioso, perigoso...?

    c) O que vai acontecer com o lenhador?

    d) Como será resolvido o conflito?

    e) Qual será o desfecho da história?

- Anote aqui suas primeiras ideias.

3 Agora, faça um rascunho em seu caderno.

> ◆ **Lembre-se!**
>
> - Acrescente nos dois primeiros parágrafos as características do lenhador e as do homem.
> - Escreva no terceiro parágrafo o que o homem fará ou falará para o lenhador e qual será a reação do lenhador.
> - No quarto parágrafo, apresente a solução do conflito.
> - No quinto parágrafo, escreva o desfecho que você imaginou.
> - Dê um título para o conto.

- Preencha a autoavaliação.

Autoavaliação	👍	👎
Caracterizei as personagens de forma adequada?		
Criei um conflito para o lenhador?		
Solucionei o conflito e finalizei a história?		
Desenvolvi as ideias com clareza?		
Dei um título para a história?		

4 Faça as alterações necessárias e passe a limpo seu conto.

Você e seus colegas vão montar o livro de contos da classe na seção "Fazer arte"!

5 Faça uma ilustração ou uma colagem para seu texto.

UNIDADE 9 — EU COLABORO

Descrição de gráfico estatístico ____/____/_____

O que vou escrever?	Um texto descrevendo um gráfico estatístico.
Quem vai ler?	Os colegas de classe.
Onde vai circular?	No mural da sala de aula.

1 Observe o gráfico e leia a descrição dele.

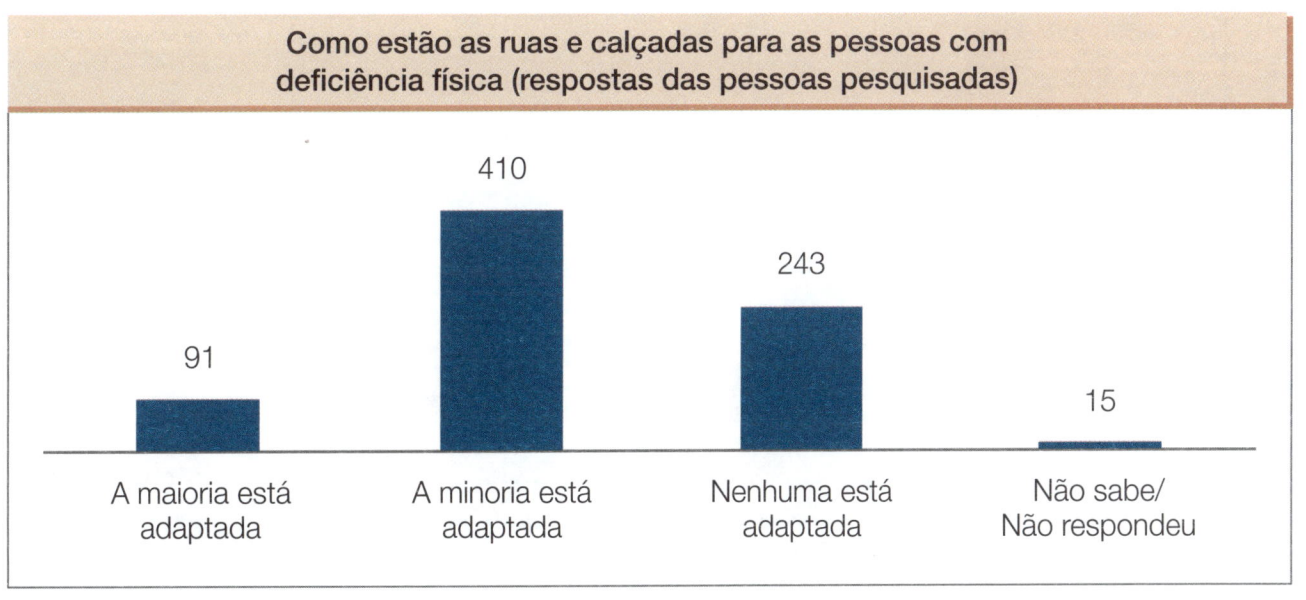

Como estão as ruas e calçadas para as pessoas com deficiência física (respostas das pessoas pesquisadas)

- A maioria está adaptada: 91
- A minoria está adaptada: 410
- Nenhuma está adaptada: 243
- Não sabe/Não respondeu: 15

Fonte: DataSenado. *Pesquisa sobre as condições de vida das pessoas com deficiência no Brasil*, 2010. Valores arredondados.

    O gráfico do DataSenado (Instituto de Pesquisas do Senado Federal) mostra o resultado de uma pesquisa realizada em 2010 com pessoas com deficiência física sobre as condições das ruas e calçadas das cidades brasileiras.

    Dos 759 entrevistados, a maior parte não está satisfeita com as condições das ruas e calçadas: 410 acreditam que a minoria está adaptada às pessoas com deficiência física e 243, que nenhuma delas está adaptada. Apenas 91 pessoas disseram que a maioria das ruas e calçadas é adequada. Outras 15 pessoas não têm opinião sobre o assunto ou não responderam à pesquisa.

- Troque ideias com os colegas.

    a) O que mostra a pesquisa feita pelo DataSenado?

    b) Quando a pesquisa foi realizada?

    c) Quantas pessoas foram entrevistadas?

    d) Qual é a opinião da maior parte das pessoas entrevistadas?

2 Você e um colega vão descrever o gráfico abaixo.

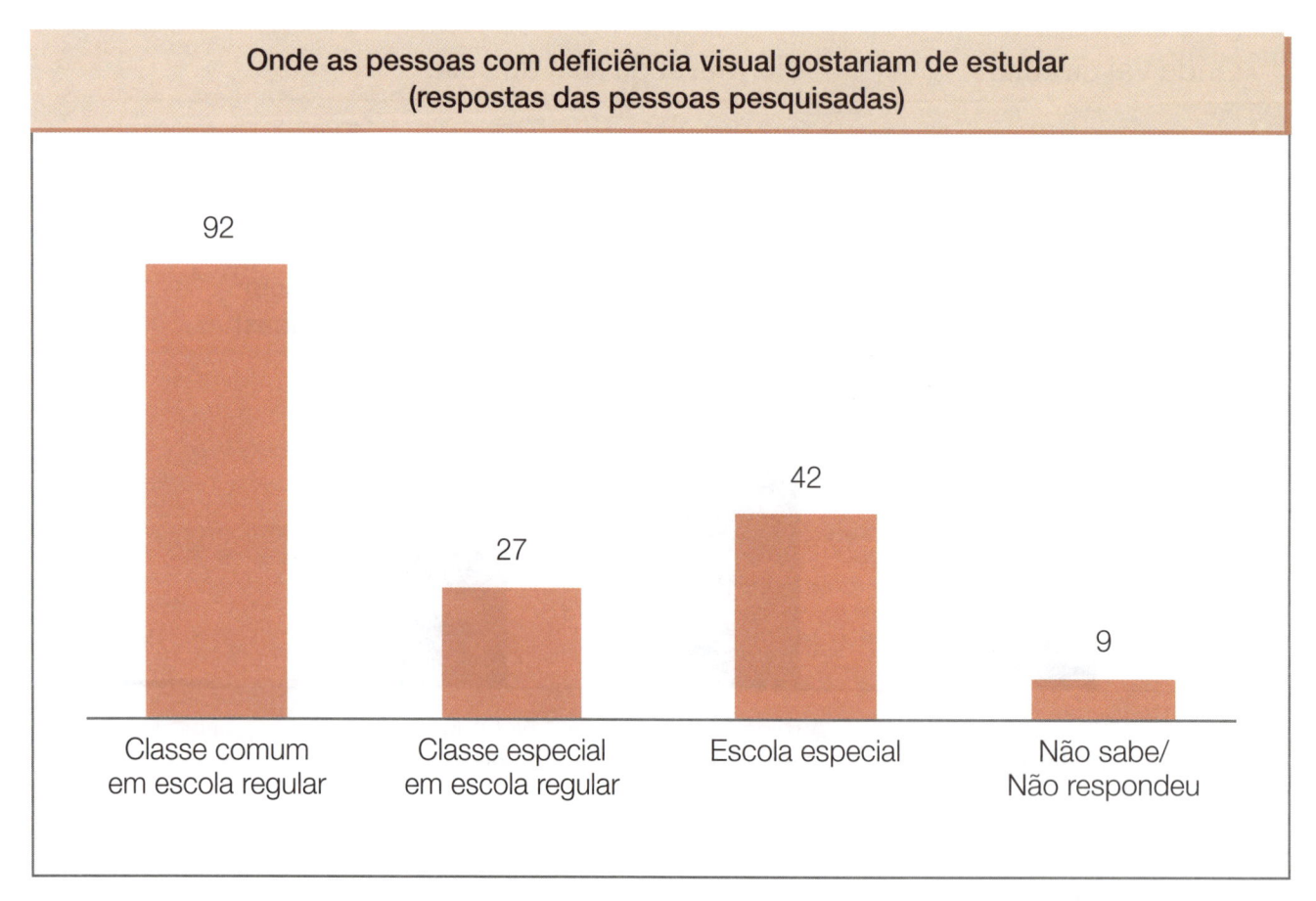

Onde as pessoas com deficiência visual gostariam de estudar
(respostas das pessoas pesquisadas)

Classe comum em escola regular	92
Classe especial em escola regular	27
Escola especial	42
Não sabe/Não respondeu	9

Fonte: DataSenado. *Pesquisa sobre as condições de vida das pessoas com deficiência no Brasil*, 2010. Valores arredondados.

- Antes de começar a escrever, pense nestas questões.

    a) O que mostra o gráfico acima?

    b) Quando a pesquisa foi realizada?

    c) Quantas pessoas foram entrevistadas?

    d) Qual é a opinião da maioria?

- Anote aqui suas primeiras ideias.

_____
_____
_____
_____
_____
_____
_____
_____

3 Agora, faça um rascunho em seu caderno.

◆ **Lembre-se!**

Organize o texto em dois parágrafos.
- No primeiro, informe o tema do gráfico, a fonte das informações e quando a pesquisa foi realizada.
- No segundo, explique se as pessoas com deficiência visual escolheriam estudar em uma escola regular (classe comum ou classe especial) ou em uma escola especial e cite dados do gráfico que comprovem sua conclusão.

- Preencha a autoavaliação.

Autoavaliação	👍	👎
Organizei o texto em dois parágrafos?		
Expliquei o objetivo do gráfico?		
Citei a fonte das informações e o ano em que foram pesquisadas?		
Expliquei em que tipo de classe ou escola as pessoas com deficiência visual escolheriam estudar?		
Apresentei dados que comprovam minha conclusão?		

4 Faça as alterações necessárias e passe a limpo seu texto.

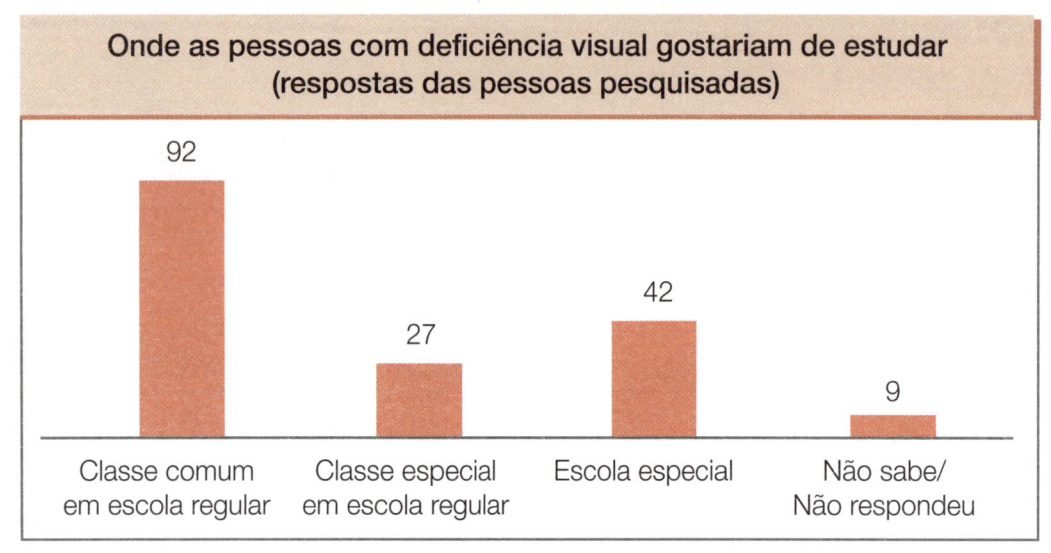

Onde as pessoas com deficiência visual gostariam de estudar (respostas das pessoas pesquisadas)

- Classe comum em escola regular: 92
- Classe especial em escola regular: 27
- Escola especial: 42
- Não sabe/Não respondeu: 9

Fonte: DataSenado. *Pesquisa sobre as condições de vida das pessoas com deficiência no Brasil*, 2010. Valores arredondados.